AF212224

Para una educación senti-mental

# Chantal Maillard

# Para una educación senti-mental

## Principios de ética aplicada

Cinco ratones ciegos
Breviario n.º 1

Galaxia Gutenberg

Publicado por
Galaxia Gutenberg, S.L.
Av. Diagonal, 361, 2.º 1.ª
08037-Barcelona
info@galaxiagutenberg.com
www.galaxiagutenberg.com

Primera edición: marzo de 2026

Preimpresión: Maria Garcia
Impresión y encuadernación: Romanyà-Valls
Plaça Verdaguer n.º 1, 08786-Capellades
Depósito legal: B 569-2026
ISBN: 979-13-87605-57-5

Aprende a gobernarte a ti mismo
antes de gobernar a otros.

SOLÓN DE ATENAS
(siglo VI a.e.c.)

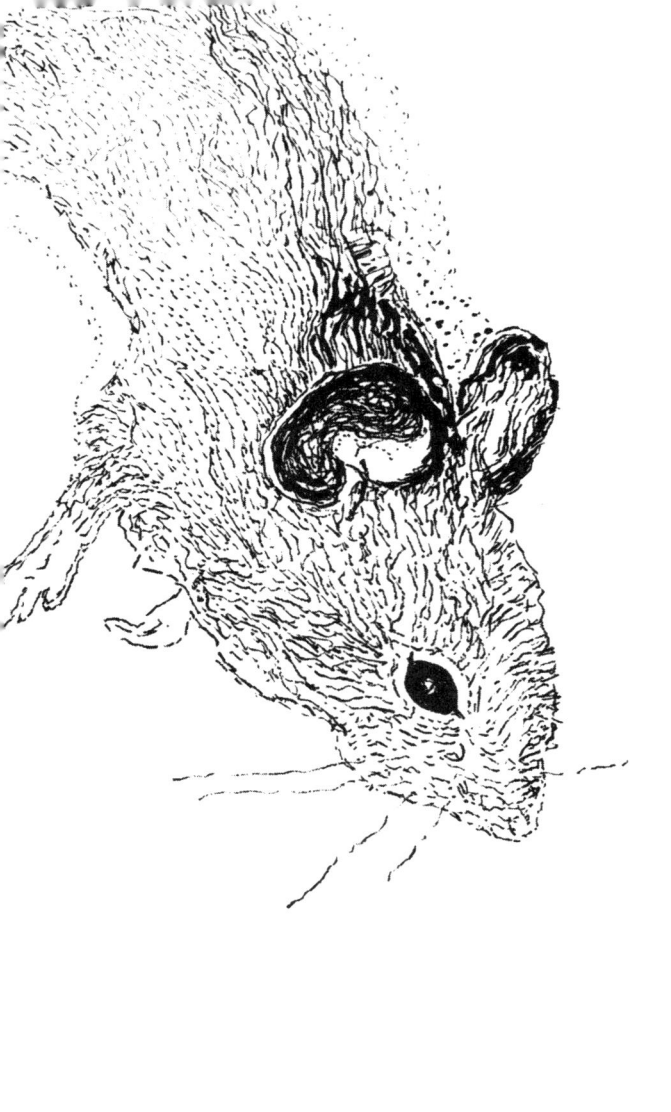

# Índice

# Prolegómenos

Toda política que no se fundamente en una ética integral está abocada al fracaso. Toda ética que no parta del conocimiento de la naturaleza del yo será parcial y transitoria.

El conocimiento de la naturaleza del yo viene dado por el conocimiento de la propia mente. Sin ese conocimiento, cualquier yo se erige frente a otro yo y hace inevitable la violencia. Toda ética que no parta del conocimiento de la mente y, por tanto, de la naturaleza del yo terminará siendo una moral: unas reglas de convivencia basadas en el miedo al castigo y construidas para la defensa de lo propio (personal y colectivo) contra lo ajeno.

Una ética que abarcase la complejidad inestable de este mundo y nos permitiese entendernos no como cuerpos hambrientos separados e indivisos sino como fugaces conglomerados de partículas activas, y sus relaciones como interconexiones texturales, ¿es esto posible?

Una política que tuviese tal tipo de ética como soporte ¿no sería acaso un medio para que cada parte dañada recuperase las condiciones conectivas del tejido universal?

# EL MÉTODO

*Pequeño tratado lógico-político*

I

## POR QUÉ DEBERÍAN LƏS POLÍTICƏS APRENDER A CONOCER LA NATURALEZA DE SU PROPIA MENTE

**1.1.**

La política no la hacen los partidos, la hacen los individuos.

**1.2.**

Si los individuos no están educados en el conocimiento de sí difícilmente podrán comprender a sus conciudadanƏs. Si no comprenden a sus conciudadanƏs difícilmente podrán gobernar un Estado.

1.3.
En una democracia, la política no es tan sólo cosa de quienes gobiernan. También es cosa de quienes eligen a l∂s que gobiernan. Si quienes eligen no se comprenden a sí mism∂s y a sí mism∂s en los otr∂s, difícilmente podrán elegir bien a quienes habrán de gobernar.

1.4.
En una democracia que se precie todos los individuos con capacidad de voto deberían ser educados en el conocimiento de sí.

1.5.
El conocimiento de sí empieza por el conocimiento de la propia mente.

1.6.
En realidad, no hay mente, lo que hay es proceso. Actos de pensamiento que se encadenan en una sucesión que rara vez se suspende. A esta sucesión es a lo que me referiré como proceso mental.

1.7.
El conocimiento de sí es, por tanto, el conocimiento del proceso mental.

1.8.
El proceso mental puede ser observado.

## 2
### SEGUIR EL HILO

2.1.
Para observar el proceso mental hay que saber situarse. Para situarse es necesario crear una distancia entre el proceso y quien observa el proceso. Para eso es útil tener un método.

2.2.
El proceso que ha de ser observado es la continuidad de los actos mentales, o actos de pensamiento. Estos actos adoptan formas y funciones muy diversas –recordar, imaginar, razonar, ensoñar, desear, etcétera– pero, en el hilo, todos adquieren la misma naturaleza: todos son actos de pensamiento.

2.3.
Llamo hilo a la continuidad de los actos de pensamiento. El hilo será, pues, aquello que puede ser observado.

2.4.

En cuanto es observado, el hilo aparece, ante el observador, como una sucesión de imágenes. A todos los actos mentales, incluidos los más abstractos, les corresponde alguna imagen. No hay concepto sin imagen. Las palabras o las cifras también pueden manifestarse en forma de letras o de números. De esto tomaremos conciencia a medida que profundicemos en la observación.

2.4.1.

En la medida en que la observación modifica tanto al objeto de observación como al observador, no puede saberse a ciencia cierta si estas imágenes preexisten a la observación o son resultado de la misma. Podríamos pensar que el ejercicio de atención y la toma de conciencia que adviene en la observación sea lo que, en ciertos casos al menos, favorece la aparición de la imagen y que tal vez esta no se formase en su ausencia. Es posible. Podría ser, también, que la simple intención de observar provocase a la imaginación y/o a la memoria para que estas aporten al hilo el material de observación. En cualquier caso, para lo que nos concierne, esto es indiferente. Lo que interesa es que los actos de pensamiento puedan ser ob-

servados. Que la imagen les acompañe de por
sí o que se componga por el hecho de atender a
ellos, si bien es de mucho interés en sí mismo,
no modifica el hecho de que nos ayuda a observar el proceso.

2.5.
Teniendo en cuenta el aspecto visual que la eti-
mología griega de la palabra «idea» nos transmi-
te (ἰδεῖν [*idéin*] significa «ver»), y para simplificar
la práctica, llamaré indistintamente imágenes o
ideas a los elementos del continuo.

2.5.1.
Ni la imagen ha de entenderse como representación simbólica o metafórica de alguna «realidad verdadera», ni la idea ha de entenderse
como ocurrencia o como síntesis conceptual.
Entiendo aquí ambas palabras como simples
manifestaciones visuales observables.

2.6.
A no ser que el proceso fuese guiado voluntaria-
mente, las imágenes o ideas se sucederán en el
continuo por asociación o por contigüidad.
Esto es lo observable. Los procesos en los que la
voluntad guíe la sucesión de ideas, como en los

razonamientos filosóficos o las prácticas mate-
máticas u otros, la observación no es posible.
Volveremos sobre ello con más detalle.

### 3
### EL YO / APORÍA

3.1.
A cada uno de los actos de pensamiento les
acompaña, explícita o implícitamente, la idea
de un yo.

3.2.
El yo no aparece en el continuo de la misma
manera que las demás ideas. Salvo que se haga
objeto del pensar, es decir, salvo que se convier-
ta en materia de un acto de pensamiento, no
suele manifestarse por separado, sino que adhiere de algún modo a todos ellos. La idea del
yo es una adherencia.

3.3.
La idea del yo es el su(b)puesto que sostiene todos los actos de pensamiento en un mismo continuo. También puede entenderse como agluti-
nante.

3.4.

Si la idea de un yo es lo que sostiene el proceso de todas las ideas en un mismo continuo, la idea de un yo será pues la idea de todas las ideas.

3.5.

La idea de todas las ideas se emparenta con la paradoja de Russell del conjunto de todos los conjuntos. Una idea no puede ser la idea de todas las ideas si no se incluye a sí misma, y si se incluye a sí misma, no podría ser la idea de todas las ideas.

3.6.

La idea de todas las ideas es una *aporía*: un no-pasaje. La idea del yo es aquello que nos impide el paso. El paso que hemos de dar para situarnos de otro modo. Del otro lado del espejo. El espejo de la identidad. La re-flexión, el reflejo es lo que nos impide dar el paso del yo a lo que somos-siendo fuera del yo.

## 4
## EMOCIONES Y SENTIMIENTOS
### EL COLOR DEL HILO

4.1.

Algunos actos mentales pueden verse acompañados de una emoción. Una emoción es una respuesta inmediata del organismo a algún estímulo. El estímulo puede provenir del exterior o ser provocado por alguna idea, o imagen, que surja en el continuo. Cargada de idea, la emoción, entonces, se convierte en sentimiento.

4.2.

Un sentimiento es una emoción cargada de idea.

4.3.

A los sentimientos el yo se adhiere con mucha más fuerza que a cualquier otro acto de pensamiento del continuo. La mayor adherencia del yo provoca una mayor identificación con las ideas que transporta.

4.4.

Cuando esto sucede, el hilo adquiere una determinada tonalidad. Digamos que el yo (el hilo) vibra en un tono. Esa frecuencia vibratoria se traduce en un estado de ánimo. El estado de ánimo es algo así como el bajo vibratorio que se mantiene mientras el estado senti-mental esté presente. Cada estado de ánimo puede adquirir, a su vez, diferentes matices, que le imprimen al hilo una cierta degradación en el tono.

4.5.
En los procesos senti-mentales, las ideas suelen llevar un lastre. El lastre resulta de la repetición de esa idea en el continuo del proceso. En sus repeticiones, las ideas acarrean las imágenes de otras ideas con las que tuvieron conexión en el proceso.

4.6.
Cuando una idea resulta excesivamente repetitiva, se funden mutuamente sus apariciones en una sola como las gotas de mercurio. Así es como engorda la idea del yo. Como las gotas de mercurio.

4.7.
Consolidadas en el proceso, las ideas tienden a formar creencias. Las creencias son ideas con una fuerte carga identitaria. En su aspecto dis-

cursivo, las creencias forman las ideologías. Una ideología es una idea estancada en su (dis)curso, plegando pliegue sobre pliegues, repitiendo secuencias, interminablemente.

4.8.
Las ideologías son coágulos o nodos tensionales que conducen al límite, acumulación de fuerza constreñida que tiende a disolverse –o resolverse– en caos.

4.9.
De entre todas las variaciones del hilo, la de los sentimientos es la más peligrosa porque con ellos nos identificamos más que con cualquier otra idea y la idea del yo se fortalece.

4.10.
La educación senti-mental se inicia con la detección de las ideas senti-mentales y la dirección que le imprimen al continuo.

## 5
### INDUCACIÓN POLÍTICA

**5.1.**
Tomar conciencia de lo que motiva nuestras intenciones nos permite actuar correctamente. Quienes no sepan separar la emoción de las ideas que lleva aparejadas no tendrán libertad para actuar correctamente.

**5.2.**
Quienes no sepan actuar correctamente no podrán ser buenos gobernantes ni elegir a los gobernantes adecuados.

**5.3.**
Una acción será políticamente correcta si se realiza sin interés personal y emocional. Quienes no sean capaces de desligarse de sus afectos y pasiones difícilmente lograrán realizar una acción políticamente correcta.

**5.3.1.**
Por afecto entiendo simplemente aquello que nos afecta, y por pasiones, aquello que padecemos y nos condiciona.

5.4.
Si los gobernantes son elegidos entre y por los
individuos pertenecientes a la población, será
de la mayor importancia que la población toda
entera haya sido educada en la observación de
la propia mente y la indagación de la naturaleza
del yo (que creemos ser). No hay educación política digna de ese nombre que no empiece por
un∂ mism∂.

5.5.
El conocimiento de la propia mente que propongo se obtiene por medio de una interioriza-
ción. La educación política que propongo no es
una *e*-ducación sino una *in*-ducación.

5.5.1.
La inducación se diferencia de la educación en la
dirección de la mirada. No se trata de dirigir
(ducĕre) la mirada hacia fuera, sino de señalar
un posible camino para asistir, desde dentro, al
funcionamiento del proceso mental, y ver y
comprender cómo se traducen en él lo que con-
sideramos estímulos externos y cómo, a partir
de allí, se enlazan los sucesivos momentos que
darán lugar a nuestras acciones.

# 6
## NODOS

**6.1.**
La impresión de realidad del yo se consolida en el encuentro del propio cuerpo con otros cuerpos cuyo sistema de procesamiento lleve igualmente un yo adherido. En el encuentro con organismos que no lleven adheridos el yo a su proceso, la idea del yo se vuelve innecesaria.

**6.2.**
La idea del yo no es lo mismo que la in-conciencia de un sí mismə. El yo es la idea de un sí mismo procesada en el hilo. La in-conciencia de un sí mismə forma parte del cerco defensivo de la materia para la permanencia transitoria de sus nodos.

**6.2.1.**
El prefijo in- no ha de entenderse aquí como negación sino como integración. Por in-conciencia entiendo la conciencia-cuerpo. A esa conciencia integrada, o conciencia orgánica, me he referido a menudo, en otros lugares, como el animal-en-mí.

6.3.

Los nodos son instantes de reposo aparente
(de la materia). Son el esfuerzo de las partículas
por mantener su cohesión dentro de un orden.
Cuando la tensión llega a su límite, el organismo se disgrega. La inconsciencia de un sí mismᴐ
desaparece.

6.4.

A estos instantes de reposo se les suele llamar
individuos, organismos, cuerpos, y demás tér-
minos acuñados para designar las diferencias.
Los diccionarios responden a la voluntad de
apresar conceptualmente los patrones de las
aparentes detenciones de la materia en el curso
de sus transformaciones.

6.4.1.

Las transformaciones de la materia responden
a lo que, en algún otro lado, llamé ley de posibilidad. Esta ley de posibilidad puede entenderse también como virtualidad.

6.4.1.1.

Por materia entiendo todo lo viviente. Por viviente entiendo todo lo que se activa en conti-
nuas inter-ferencias (o trans-portes), generando y

autogenerándose, regenerando y autoregene-
rándose en constantes inter-cambios simbióti-
cos de flujos de energía desfigurante y configu-
rante a un tiempo. Por materia entiendo, pues,
la actividad del universo todo entero.

6.5.
Cuando la tensión entre las partículas llega a
su máximo, el cerco defensivo del organismo
desaparece. La distensión provoca un desorden
que dará paso a otras ordenaciones. Durante
ese proceso, ningún yo está presente, la cohesión no se mantiene.

6.6.
Una ética realmente abarcante habrá de tener en cuenta la inconmensurabilidad de todo
cuanto somos-siendo. Y todo lo que somos-
siendo incluye también toda su virtualidad,
es decir, todo el devenir-siendo de la materia
que (también) somos y que (se) pre-viene en su
estar-siendo.

6.7.
El conocimiento de sí ha de permitirnos fran-
quear los límites de lo que somos-siendo más
allá de lo individual.

## Anexo

Pregunta: –¿En qué se diferencia, en lo humano, el sí mismo defensivo de su cuerpo del yo que creemos *ser*? ¿Hay alguna diferencia que no sea la mayor complejidad o sofisticación de su sistema defensivo?

–El equívoco se sitúa en el verbo *ser*. No es lo mismo defenderse como organismo que defender la idea de *ser*. El sistema defensivo de la materia atiende al mantenimiento de las diversas formulaciones que adopta sin nunca paralizar sus evoluciones. La idea del yo le añade al yo defensivo (o in-conciencia de un sí mismo) la creencia de un en-sí independiente y perdurable.

## 7
### TODO-LO-OTRO-SIENDO-MISM∂

7.1.

El conocimiento de la naturaleza del proceso mental y de la idea del yo que lo sostiene no es más que el comienzo del conocimiento de sí. El conocimiento de sí se extiende más allá del indi-

viduo que somos-siendo, allí donde el sí, siendo
mism∂ para tod∂/s, es a la vez interior y exterior
a cada cual.

### 7.2.
Los organismos que no estén integrados en el
mundo político (o sea, en la reglamentación de
las sociedades humanas) o los que estándolo no
tengan capacidad de acción política deberán ser
representados por quienes la tengan. Los individuos que representen a los organismos que no
tengan voz política deberán tener conocimiento
de sí y de las implicaciones intra y extra-indivi-
duales que supone.

### 7.3.
Las implicaciones del conocimiento de sí conciernen la materia en todas sus form(ul)a(cione)s,
sin excepción de especie ni de reino, tanto en
sus nodos como en su virtualidad. Su virtualidad es el campo de todas sus posibles trans-/
de-/con-formaciones.

### 7.4.
La virtualidad está de alguna manera pre-dis-
puesta o, incluso, activada en cada una de las
*formulaciones*. Que percibamos la forma y no

la virtualidad se debe a que nuestros órganos de percepción están diseñados para atender a los nodos, o coágulos de la energía, en vez de a su (trans)curso.

7.5.
En consecuencia, la política no puede, de ninguna manera, velar por lo que considere el bien de la especie humana o de una parte de la misma sin tener en cuenta que ese bien concierne todo-lo-otro-siendo-mism∂.

7.6.
Todo-lo-otro-siendo-mism∂ excede por completo de aquello que se designa como «medio ambiente», «entorno» o «ecosistema». Todo lo otro-siendo-mism∂ lo atraviesa todo, incluido lo mineral, lo atmosférico, o las innumerables capas e interfaces del microcosmos. De modo que el ámbito político desborda totalmente del marco que solemos atribuirle.

7.7.
Mientras los individuos permanezcan atrapados en la superficie aparentemente individual de su materia, el buen gobierno no será posible. Por eso es necesario que la educación en el co-

nocimiento de sí se haga extensiva a todos los miembros de nuestras comunidades.

7.8.

El conocimiento de sí no coarta la libertad de acción. Más bien implica que esa libertad pueda utilizarse correctamente, con la conciencia de que cualquier acción determina la virtualidad de todo cuanto existe.

7.9.

Actuar correctamente es actuar teniendo en cuenta el bien de tod∂s l∂s otr∂s que somos-siendo dentro y fuera de lo que somos-siendo individualmente.

7.10.

Por ello, actuar en bien de tod∂s empieza por atender a la forma de actuar de la materia (o naturaleza, si se quiere), procurando no actuar sobre/en ella coercitivamente.

7.11.

Actuar coercitivamente sobre el curso de la materia es ejercer la voluntad personal primando el interés de algún o algunos individuos

sobre el modo de actuar de todo-lo-otro-sien-
do-mism∂.

7.12.
Imponer la voluntad personal anteponiendo los
intereses personales o sociales al bien de tod∂s
puede ser eficaz a corto plazo, pero a la larga
desestabiliza y es fuente de destrucción.

7.12.1.
Después de que se hubiese originado una enor-
me catástrofe por la ruptura de la presa de un
pantano, un ingeniero hidráulico explicaba el
problema diciendo que las fisuras en la estructu-
ra se debían a que no se había escuchado al río.
Cada río tiene su modo de estar-siendo, su ca-
rácter, comentaba. Es necesario comprender su
manera de comportarse para poder actuar sin
coaccionarlo. Hay que escuchar al río para proceder de acuerdo con él y no contra él.

*Anexo*

Llegado aquí sería lógico preguntarse si la tendencia que tienen ciertas sociedades humanas a
defender el interés de unos cuantos, o de uno

solo, más allá de lo necesario para su subsisten-
cia poniendo en peligro al resto del planeta no
forme parte igualmente de las evoluciones de la
materia. Entender que existe una actividad «natural» y otra que no lo sea es afianzar las dico-
tomías que pretendemos evitar. Tampoco es ra-
cionalmente aceptable utilizar calificativos
morales (bueno/malo) para distinguir la actividad de la naturaleza –a la que, por otra parte,
también pertenecemos– de la que deriva de la
acción humana.

Si el universo procede cíclicamente, debere-
mos considerar la posibilidad de que la materia
(que también somos-siendo) proceda igualmente por excesos camino de su propio desorden.
Sugiero al lector que tenga en cuenta esto cuando, en los siguientes apartados, se hable de las
reglas de convivencia que, por acción o por
omisión, ponen en peligro el organismo plane-
tario.

Quizás llegue un día en que seamos capaces
de hablar con los volcanes, con los océanos y
los vientos, y acercarnos así a una mejor comprensión de eso que somos bajo tod∂/s. Mientras tanto...

8

EL HÁBITAT QUE SOMOS

8.1.

Las distintas formulaciones sistémicas de lo
político tienen como objetivo la regulación del
comportamiento y la gestión de las sociedades
humanas. Los demás organismos no tienen
ninguna necesidad de reglamentar su comportamiento ya que actúan, perfectamente coordi-
nados, de acuerdo con lo que se ha denomina-
do «ley natural».

8.1.1.

Entendamos por ley natural la capacidad que
un individuo tiene de actuar intuitivamente
acorde con la actividad de todo-lo-otro-siendo-
mism∂.

8.2.

Cuando las reglamentaciones establecidas por
una sociedad o por quienes la gobiernan con-
sienten o implican decisiones que no respe-
tan la ley natural, o cuando la infringen o la
ignoran, son fuente de desequilibrio del orden natural todo entero. Sus movimientos ho-

meostáticos provocan lo que llamamos catás-
trofes.

8.3.
Quienes deciden y dictan las reglas de convivencia de una población tienen el deber de respetar
y cuidar el hábitat que ellos igualmente son sin
saberlo.

8.4.
Ninguna forma que la materia adopte en sus
aparentes detenciones o reposo escapa a su
pertenencia al hábitat. Cada determinación
orgánica (de por sí impermanente) de la materia en sus distintas formulaciones es un hábitat
que se activa en trasvases continuos de fuera
a dentro y de dentro a fuera de límites, en realidad, inexistentes.

8.5.
El hábitat es el campo de juego de la actividad
de la materia en su incesante devenir.

8.6.
Llamamos organismo a la actividad transitoria-
mente organizada de la materia que corresponde a nuestras formas de percibir.

8.7.
El grado de solidez de la materia responde a la velocidad de la frecuencia vibratoria de nuestros medios de percepción.

8.7.1.
La solidez es la fuerza de contracción que un organismo ejerce para conservar temporalmente el orden de sus elementos. La solidez, empero, es porosa. Nunca deja un organismo de estar conectado y conectando, traspasado y traspasando, trasvasado y trasvasando todo-lo-otro-siendo-mism∂.

8.7.1.1.
La fuerza de contracción responde igualmente a nuestras formas de percibir.

8.8.
Cabe imaginar otras formas de percibir. Para ello, es necesario aprender a pensar de otro modo.

# 9
## DEMOCRACIA

**9.1.**

Dado que el ámbito de lo político abarca todo aquello que tenemos la obligación de respetar y cuidar, la pregunta por la gobernabilidad se sitúa en el cuestionamiento de un gobierno de partidos. Y puesto que la democracia se entiende como política de partidos, el propio sistema democrático es lo que habrá de cuestionarse.

**9.2.**

Un gobierno de partidos es un gobierno de partes. Un gobierno de partes es un gobierno que se establece a partir de la diferencia y la idea de un mutuo estar frente-a-otr∂s.

**9.3.**

La conciencia de estar *frente-a*, que en las especies animales, dado el riesgo que supone formar parte del círculo del hambre, se manifiesta en un permanente estado de alerta deriva, en las sociedades humanas, en el ansia de acaparar territorios más allá de lo necesario y en detrimento de los demás. Es así como el natural sistema defensivo se convierte, en estas, en sistema ofensivo.

9.4.
Suele entenderse que, en teoría, la particulari-dad del sistema democrático consiste en reem-plazar −dentro del Estado y entre Estados− la competición bélica por la competición dia-lógica de las partes. No era muy distinto, sin embargo, en las poblaciones antiguas. Ahora como entonces las contiendas son el resultado de la inoperancia dialógica de los contendien-tes. En un sistema democrático, toda contien-da bélica ha de considerarse como un fracaso de la diplomacia.

9.5.
En los sistemas democráticos actuales, el re-sultado de una competición dialógica se esti-ma por el número de *partidarios* obtenido por los representantes de cada una de las partes, o *partidos*. Los medios utilizados para obtener la *participación* favorable de los individuos en las votaciones no suelen limitarse a la retórica. Al mayor número de votos obtenidos por un partido (o una coalición) se lo denomina *ma-yoría*.

9.6.
La *mayoría* no es cualitativa, sino tan sólo cuan-
titativa. Nada dice el término «mayoría» de
una mayor capacidad ética o racional. Tan sólo
dice del mayor número de votantes cuyos intereses y/o ideología coinciden con la retórica em-
pleada por los representantes de una parte o
partido, o dispuestos a ser persuadidos.


9.7.
Dado que, en una democracia, todo partido en el
gobierno ha de gobernar atendiendo a los intereses de la mayoría, se entiende que lo hará siempre en detrimento de unas minorías –las minorías siempre son varias, la mayoría sólo una. La
democracia es, pues, la legitimación de la violencia que una mayoría ejerce sobre las minorías.

9.8.
Sólo en una sociedad política y éticamente educada podría una democracia ejercerse sin violencia. No hay democracia que pueda ejercerse
debidamente si los miembros de esa sociedad
no son capaces de autogobierno. De ahí la im-
periosa necesidad de que la educación política
abarque todos los estratos sociales.

9.9.
Entiendo por educación política una educación en el conocimiento de un∂ mism∂, es decir, el de la naturaleza de su propia senti-men-
talidad. Sin una educación de ese tipo, el
sistema democrático no pasará de ser una manera de regular con más o menos torpeza o in-
genio competitivo la guerra de (los intereses
de) tod∂s contra tod∂s.

9.10.
¿Llegará el momento en que esto sea posible o
se trata de una utopía? A buen seguro es una
utopía. Pero de que algo sea una utopía no se
deduce lógicamente que no pueda suceder. La
utopía podría perder la *u* [οὐ, en griego, significa no] que convierte el *topos* –el hábitat– en
un no-lugar, y hacerse habitable. Claro que
también podría trocarla por un *dis-* que la
convertiría en un lugar extremadamente in-
hóspito.

## 10
## PENSAR DE OTRO MODO / HETEROTOPÍA
### UNA POLÍTICA DEL CUIDADO

10.1.

Teniendo en cuenta la deficiencia congénita de los gobiernos de partes, podríamos abogar, como hiciera Simone Weil, por la abolición de los partidos. Pero tal vez no fuese necesario si nos pusiésemos a pensar y pensar-nos de otro modo. Tal vez esto fuese suficiente para que la utopía perdiese la *u* y se convirtiese en un lugar posible. Entre la *u*topía y la *dis*topía caben otras variantes. La heterotopía, por ejemplo. Pensar de otro modo no es una utopía, es una heterotopía.

10.2.

Pensar de otro modo no se efectúa tan sólo modificando el vocabulario. Pensar de otro modo significa variar la perspectiva situándonos en el mundo de otro modo.

10.3.

Situarse de otro modo significa salir de los cercos que refuerzan nuestras diferencias y alimentan la idea de nuestra superioridad como especie. Significa desplazarnos de la supuesta exterioridad en la que nos posicionamos como «seres pensantes» al lugar de mediación donde ocurre todo-lo-otro que también somos-siendo.

10.4.
Para gobernar teniendo en cuenta todo-lo-otro-siendo-mismə, habría que considerar las partes no a partir de sus diferencias, sino a partir de lo que tienen en común. Las partes, en efecto, nunca son a-parte (no-parte) de aquello de lo que forman parte.

10.5.
Para gestionar correctamente los intereses particulares, estos han de poder supeditarse al interés de todo-lo-otro-siendo-mismə.

10.6.
Para velar por el cuidado de aquello a lo que pertenecemos es necesario atender y respetar a cada una de las diversas formas o maneras de estar-siendo-mismə. De ahí la importancia del entrenamiento en el conocimiento de unə mismə.

10.7.
Lo que nos es común no es algo compacto e inamovible. Lo que nos es común es un tejido de múltiples capas e infinitas dimensiones en perpetua actividad y mutación constante. Cuidarlo es respetar sus procesos.

10.8.
Entender la capacidad de auto-organización transformante, deformante y conformante de la materia es la base de la ethopolítica que necesitamos con urgencia. Una política del cuidado, no de la guerra. Entender la inteligencia de lo humano como una parcela de la eficiencia de la materia sería un buen comienzo.

11
LÍMITES DE LA OBSERVACIÓN

11.1.
El proceso mental puede ser intencional. El razonamiento que interviene en procedimientos matemáticos, filosóficos o experimentales en los que se encadenen elementos verbales, numéricos u otros, de acuerdo a determinados patrones, es de ese tipo. También lo es el proceso que

se refleja en mi escritura en este mismo instante.
Estos encadenamientos intencionales no pueden ser observados so pena de que se les pierda,
literalmente, el hilo.

11.2.

En los procesos discursivos intencionales, la
atención está toda entera volcada en la tarea.
Ocupar el lugar del observador sin sustraer la
atención o desdoblarla es imposible. De hacerse,
se interrumpiría el proceso y la observación que-
daría en suspenso, u observándose a sí misma.

11.3.

Esto no impide que, en un observador bien entrenado, la conciencia del hilo pueda permanecer, de forma subliminal, bajo el cumplimien-
to de la tarea. También puede ocurrir que esta
conciencia se abra paso, intermitentemente, en
el proceso, como breves interrupciones o fla-
shes entre los fotogramas de una película, tal
como me está ocurriendo ahora, mientras estoy
escribiendo estas líneas. Pero de ningún modo
se podrá mantener la atención simultáneamente
en un acto de pensamiento que no pertenezca al
razonamiento en curso, cuanto menos, el acto
de observar.

11.4.

Y es que el observar es igualmente un acto de pensamiento, o una cadena en caso de que logre prolongarse. Si lo hemos separado del hilo hasta el momento es tan sólo a efectos prácticos. Pues, en realidad, mediante el acto de observar, puede crearse una conciencia del proceso en su procesar. Lo que interesa es crear esa conciencia.

11.5.

Una vez creada la conciencia del proceso, la observación deberá reintegrarse al hilo. Pero ese paso no habrá de darse antes de finalizado el entrenamiento y dominar el método.

11.6.

A partir del momento en que hayamos tomado conciencia de la naturaleza de lo que llamamos «mente», no será necesario mantener permanentemente activa la observación. La conciencia del proceso permanecerá, como latencia eficiente, en la zona de intermediación entre lo consciente y lo no consciente. En el momento en que esa latencia se hiciese consciente, pasaría a formar parte del hilo.

11.7.
Concibo la zona de intermediación como una especie de membrana opaca a través de la que, en algunos raros momentos, se efectúan trasvases, una suerte de ósmosis o reflejo de la conciencia orgánica de la materia-cuerpo en la conciencia de superficie.

11.8.
La eficiencia de la materia-cuerpo antecede siempre a los actos de conciencia de superficie y las tomas de decisión que de ellos derivan y que creemos libres.

11.9.
Crear un nexo entre la in-conciencia y la conciencia, aberturas en la membrana por las que podamos reconocer la presencia de la conciencia-cuerpo, puede ayudarnos a actuar acertadamente.

# PRAXIS

*Pequeño manual del observador*

A cada uno de los actos de pensamiento le corresponde alguna imagen –la mente jamás piensa sin *phantasma*, escribió Aristóteles. Detectar el proceso de las imágenes es el primer paso de este adiestramiento. El segundo es aprender a situarse como observador. El tercero es la observación.

### *La silla del observador. La pantalla*

El primer obstáculo es la identificación con cada uno de nuestros actos de pensamiento. Le añadimos, de oficio, un sujeto a cada uno de ellos, un sujeto que «somos». Un yo que nos confiere una identidad. Detectar el proceso de los actos de pensamiento es, por tanto, la primera tarea.

Para tomar conciencia del proceso conviene, inicialmente, sentarse en una silla con la espalda recta, cerrar los ojos y relajarnos. Una vez relajadǝs, imaginar nuestro cerebro. Imaginar un espacio en el centro del cerebro. Situar en él una silla diminuta de cara al envés de la frente. En la silla, sentar a un pequeño personaje. El envés de la frente se ha convertido ahora en una gran pantalla. Sentado en la silla, el pequeño personaje permanece atento a la pantalla. Verá pasar en ella imágenes, fragmentos de cosas en principio confusas, voces, también, que toman forma o que acompañan formas más o menos definidas.

Imaginar ahora que somos ese pequeño personaje. La pantalla va a servirnos de lugar de experimentación. Sugiero empezar imaginando un color, el que queramos, y proyectándolo en la pantalla. También podemos imaginar que pintamos la pantalla de ese color. Observar. Atrapar una imagen, la primera que pase, o la primera de la que la conciencia dé cuenta. Salir entonces de la sala, es decir, abrir los ojos, y describirla (fuera de la sala es conveniente tener una libreta abierta a mano).

Volver a la pantalla. Esta vez, en cuanto una imagen aparezca, seguir su curso. Observarla sin tratar de fijarla. Las formas son ideas que aún no han sido formuladas, o diseños aún sin definir. Dejar que evolucione. Si se transforma en otra, observar esa transformación sin intervenir.

Resulta útil proponerse, desde el inicio, describir por escrito, o de viva voz, si alguien nos acompaña, sucesivamente y en detalle, todo aquello a lo que hemos asistido. Cómo vino el color a ocupar la pantalla, si fue mancha o la ocupó por entero, cómo evolucionó, etcétera. Probablemente la primera vez no podamos mantener la atención por mucho tiempo. O no todo lo que pase pueda ser recordado. Lo importante es que hayamos podido ver la pantalla. Ver la pantalla es situarse como espectador. Situarse como espectador es tomar distancia.

Volvamos a entrar en la sala de proyección. Situémonos en la silla, atentos a la pantalla. La pantalla está en blanco. Esta vez no vamos a hacer nada. Vamos simplemente a esperar. En algún momento algo pasará (literalmente) por ella. Lo importante aquí es que la atención no se desvíe de la pantalla. La atención es lo que le permite al pequeño personaje que ahora somos quedarse dentro de la sala. Si la atención se pierde, la película volverá a ser el hilo mental con el que normalmente nos identificamos. Permanezcamos atentos a la pantalla hasta que algo aparezca en ella. Puede que ocurra de inmediato o puede que no, eso es indiferente. Lo importante es que la atención permanezca hasta que ocurra. En ese momento abriremos los ojos y relataremos por escrito aquello a lo que hemos asistido.

Una vez hecho esto, volvemos a la sala y repetimos el ejercicio. La pantalla está en blanco. Esperamos. Atent∂s. Sólo que ahora, en cuanto algo aparezca, vamos a seguir pendientes de lo que vaya sucediendo. Muy atent∂s. Durante un minuto. Puede ser que, antes mismo de que acabe el minuto (podemos poner un temporizador para avisarnos) nos demos cuenta de que se nos ha perdido... ¡el hilo! Porque del hilo se trata, en efecto, ahora entendemos la metáfora. El hilo es una sucesión de fotogramas, secuencias que se enlazan unas con otras, atropelladas a veces, espaciadas otras, componiéndose y recomponiéndose sin descanso y sin que podamos controlarlo. ¿O sí podemos?

Repetir el ejercicio hasta que seamos capaces de relatar la secuencia completa.

Cuando hayamos conseguido relatar una secuencia al completo, repetir el ejercicio poniendo atención a los enlaces, las asociaciones, las relaciones, los vínculos. Ejercitarse en esta observación hasta ser capaces de dar cuenta no sólo de las representaciones, sino de cómo una idea enlaza con otra idea o una imagen con otra imagen. Porque entre una y otra idea, o una y otra imagen, hay mucho más de lo que aparenta. De esto podremos darnos cuenta a medida que disminuya la velocidad del proceso, es decir, a medida que nos vayamos ejercitando en la atención.

Dediquemos otro minuto, también, a poner atención al tipo de representación que aparece en la secuencia. Tengamos en cuenta que todo, absolutamente todo, puede proyectarse en la pantalla. La percepción de un sonido, una sensación, una emoción, un recuerdo, un sentimiento, una operación matemática, una palabra, cualquier acto de pensamiento lleva consigo algún tipo de representación. La cuestión es no dejar que ninguno de estos pensamientos tome consistencia fuera del marco de proyección. Porque si, mientras estamos sentados en la silla observando la pantalla, se nos «pasa por la mente», por ejemplo, que hemos quedado con alguien dentro de quince minutos, en ese instante, seremos dos en la silla, y poco podrá hacer el pequeño personaje para mantenerse en su puesto.

Puede ocurrir, no obstante, que durante el ejercicio algún pensamiento cobre mayor realidad que los demás y, resistiéndose a ser proyectado, distraiga nuestra atención. Esto se debe a que el yo acostumbra a adherirse a determinados pensamientos con más fuerza que a otros y a otorgarles así mayor sensación de realidad. Si esto ocurre, tendremos ante nosotrɔs una gran oportunidad, a la vez que un reto importante, pues de eso se trata, finalmente, como veremos: de ser capaces de crear la distancia de la observación para con aquellos actos de pensamiento con los que más nos identificamos.

En estas primeras etapas la inmovilidad corporal es imprescindible. Más adelante, cuando estemos familiarizados con el procedimiento, estaremos en condiciones de realizarlo en cualquier momento y en cualquier lugar.

Una vez dominado el ejercicio anterior, procederemos a aumentar el tiempo de exposición al proceso. Gradualmente, del minuto inicial a los tres minutos, y así progresivamente hasta los diez minutos.

Acrecentar la atención.

Eliminar la imagen-símil instrumental del personaje.

El personaje es una imagen, por tanto, tarde o temprano tendremos que situarla igualmente en la pantalla, donde transcurren las imágenes. Así que el personaje se levanta de la silla y entra en la pantalla. Allí le seguiremos sin intervenir hasta que también desaparezca y dé paso a otra cosa.

Sin intervenir significa sin que la voluntad dirija el proceso de una u otra manera.

Ahora bien, resulta que la pantalla también es una imagen. Pero ¿cómo situar la imagenpantalla en la pantalla si la pantalla es la imagen que pretendemos situar en la pantalla? ¡Gran pregunta! Probemos a hacerlo...

¿Se acuerdan ustedes de aquel episodio de *La pantera rosa* en el que la pantera persigue a una mosca con una aspiradora y termina aspirando todos los muebles en los que la mosca se posa, la puerta de la casa, la casa incluso, y el camino, hasta que la aspiradora se traga a la pantera misma, en cuya nariz la mosca se ha posado, y acaba finalmente tragándose a sí misma? De modo que todo desaparece salvo la mosca y el guionista. Pero ¿no acaban estos disolviéndose también al tiempo que el relato?

Lo observado es la mosca, y el observador, el guionista.

### Burbujas

Dejar pasar los pensamientos sin detenerse en ellos, sin juzgarlos, tan neutros como nubes de verano por el cielo. ¿Alguna nube tormentosa? Dejar que pase igualmente.

Cualquier acto de pensamiento, sea cual sea su naturaleza, forma parte del proceso. Cualquier cosa que pase es una idea y, para la observación, todas las ideas tienen el mismo valor. Una sensación molesta, la ventana abierta que deja pasar el frío, el pensamiento de la inutilidad de lo que estamos haciendo, el recuerdo de una conversación, la secuencia de una película que vimos recientemente, la imagen de un momento en extremo doloroso, la de un instante de gozo, todas son nubes –o burbujas.

Que una idea no es más que una idea en el proceso también es una idea. Pero de eso nos daremos cuenta más adelante.

Los actos de pensamiento son como burbujas alojadas bajo las crestas o en los valles de una onda sonora. A esa onda es a lo que llamamos yo.

En realidad, no existe ninguna onda, ninguna línea, ningún segmento, sólo burbujas

que van enlazándose por contigüidad o por
afinidad.

Si observamos una burbuja sin detenernos
en su contenido, veremos cómo da lugar a otra
y esta aun a otra. O puede que alguna de ellas
estalle, sin tiempo para dar lugar a otra.

Cuando una burbuja estalla puede que el
proceso, por un instante, se detenga. Prolongar,
entonces, el instante. Sin que acuda la idea de
prolongarlo, pues esta formaría otra burbuja y
el proceso seguiría su curso.

El diablo es hábil, dicen. La mente-araña es
experta en estrategias. Pensar que hemos conseguido detener el proceso es una idea. Una más.

Dejar que estalle la burbuja puede ser un
buen ejercicio para darse cuenta de que no es
tan fácil desprenderse. La mente-araña adopta
múltiples disfraces, teje su tela en infinitos regis-
tros, en capas o estratos de distinta textura, y es
difícil no quedarse atrapad∂s en ella. Tomar

conciencia de ello es un paso importante en este entrenamiento.

Ninguno de los pasos que demos en este aprendizaje nos llevará fuera del proceso. Dar un paso es una idea. Y una idea es una idea.

Las palabras, por lo general, llevan consigo alguna imagen. A la palabra «burbuja» le acompaña la imagen de una burbuja. Imaginar es un acto de pensamiento. Si la burbuja estalla «veremos» la imagen de la burbuja estallando.

Cualquier acto de pensamiento viene acompañado de una u otra imagen o representación. De las imágenes no siempre somos conscientes.

Cuando una sensación acude a la conciencia, no es nunca pura sensación. Si al permanecer inmóviles notamos cierta molestia en alguna parte del cuerpo es probable que la representación de esa parte del cuerpo acompañe la sensación. Si seguimos observando, la veremos reflejada en la pantalla o, si se prefiere, en forma de burbuja en el diagrama del proceso.

La sensación de molestia también es un acto de pensamiento. Si, manteniendo la inmovilidad, seguimos observando la sensación, la veremos transformarse. Puede que simplemente pase, o puede que aumente. Cuando una sensación alcanza su punto álgido, puede que de repente disminuya o desaparezca.

La conciencia de una sensación es también una burbuja. O una nube, si se quiere.

Las nubes pasan más fácilmente que las burbujas.

En las burbujas podemos entrar a mirar. Esto puede ser útil en el entrenamiento. Porque dentro de la burbuja veremos formarse otro tejido de interconexiones. Dentro de una burbuja otras burbujas toman forma. Siempre que miremos dentro de una burbuja corremos el riesgo de identificarnos con un subproceso.

Todo subproceso forma parte del proceso.

Tomar conciencia del subproceso es seguir dentro del proceso.

## Nubes

La imagen de las burbujas puede ser útil, pero sigue siendo una imagen. Una imagen es una idea. También la idea de una imagen es una idea. La idea de una idea también es una idea. Una idea es una idea es una idea.

Volver entonces a las nubes. Si las burbujas estallan, las nubes pasan. A mayor simplicidad mayor utilidad. La metáfora de las nubes es más simple que la metáfora de las burbujas. Ver pasar las nubes es más útil que ver estallar burbujas.

Las nubes son los pensamientos, el cielo es la conciencia. Las nubes pasan por el cielo como los pensamientos por la conciencia del observador.

–Cada pensamiento, una nube. Y la conciencia, ¿una nube?
–No si no la pensamos. Si la pensamos se convierte en nube. La idea de la conciencia es una nube. Lo que interesa es ver el cielo despejado. Sin la idea de cielo y sin nadie que lo vea.

–Y cuando se nos borre el cielo ¿qué habrá?

–Cuando se nos borre el cielo, si no es reemplazado por nada, no habrá nada. Pero... ¡Cuidad de no convertir esa nada en una idea!

–... Y si no hay nadie que vea, ¿cómo sabré yo que no hay nada?

–... ¿Yo?

## Husos

Mención aparte merecen lo que llamamos sentimientos. Cuando una emoción aparece en el continuo propiciada por alguna imagen o idea, puede dar lugar a estados senti-mentales. Estos son estados complejos en los que se reactivan imágenes anteriores que vienen a sumarse al proceso, enrollando el hilo sobre sí mismo.

A estos segmentos, el yo se adhiere más que a cualquier otro porque en ellos está todo el cuerpo implicado.

En las emociones no creemos, simplemente las padecemos; en los sentimientos, en cambio, creemos. Algunos nos parecen a menudo más reales que cualquier otra cosa que ocurra en nuestra vida. A ello se debe que nos resulte más difícil tomar distancia de ellos.

Los estados senti-mentales no son simples burbujas situadas en los valles o las crestas del hilo. Observando el hilo más de cerca, podemos imaginarlos formando husos dentro de él. Husos dentro de los cuales cada fibra aloja, a su vez, un sinfín de hilos anteriores, procesos que se reactivan al paso de uno de ellos.

Puede ser interesante, una vez familiarizad∂s con la práctica de la atención al proceso mental, preguntarse en qué huso estamos situados en ese instante –¿el huso de la tristeza? ¿El de la ira? ¿El del miedo? ¿Tal vez el del deseo?– y qué clase de burbuja es la que nos ha conducido al interior de ese huso.

Al tomar conciencia de un estado senti-mental este se convierte en burbuja y va a alojarse en el hilo. En el hilo, un sentimiento puede ser observado como cualquier otro tipo de idea.

Sobre todo, hay que estar alerta, pues las ideas senti-mentales saben sustraer muy hábilmente nuestra atención de la observación y anular al observador.

## El mar de niebla / Cordilleras

Cuando la voluntad se implica en un proceso racional, el hilo no es observable so pena de que el razonamiento se detenga. En cualquier otro caso, entendemos que los pensamientos surgen por simple contigüidad, por asociación, o bien, aleatoriamente. La aleatoriedad es lo que parece que ocurre, pero lo que parece no es lo que ocurre, lo que parece es lo que aparece.

Lo que llamamos aleatoriedad es tan sólo lo que apreciamos en superficie. Como si contemplásemos la tierra desde cierta altura y, al verla cubierta por una densa niebla en la que destacasen, como icebergs, las cimas de algunas montañas, pensásemos que nada las enlaza entre sí hasta que, al desvanecerse la niebla, descubrimos una cordillera. Nos damos cuenta, entonces, de que si no veíamos los enlaces era debido a que nuestra percepción visual era incapaz de atravesar la niebla. Así ocurre también con las imágenes que detectamos en la observación como ideas que suponemos independientes del hilo.

Cuanto más baje la frecuencia vibratoria del proceso mental, más se ampliará el margen de observación. El tiempo se ensancha al aplanarse el hilo. Como cuando, al ralentizar la grabación del canto de un pájaro, aparecen en el gráfico secuencias literalmente inauditas pues el oído humano es incapaz de percibirlas, o como cuando, disipándose la niebla, deja al descubierto las cordilleras.

La percepción del tiempo está relacionada con la velocidad del proceso. A mayor frecuencia, el tiempo se condensa, a menor frecuencia, el tiempo se dilata. Que el tiempo se ensancha al aplanarse el hilo equivale a decir que el tiempo se dilata al ralentizarse la frecuencia del proceso.

Cuanto mayor sea la velocidad del proceso mental, más dificultad tendremos en separarnos de las nubes o burbujas que vayan sucediéndose. No separarnos de los actos de pensamiento supone crear adherencias.

Cuanto más firmes sean las adherencias más sólido será el yo que las acompañe. El yo se construye por medio de las adherencias. Cuanto más firmes sean las adherencias más endeble será la conciencia del observador.

### El grado cero del proceso

El proceso se ralentiza, al observarlo, por efecto de la atención. Cuanto más dispersa esté la atención más se agitará el hilo. Toda actividad que requiera una perfecta atención reduce la agitación del hilo. Las que más la reducen son aquellas que implican al cuerpo todo entero, especialmente las manos, que son los mejores conductores de la atención. El movimiento mental seguirá su curso por propia inercia, en segundo plano, pero no se creará ninguna adherencia.

El acto de observar es un acto de atención. En el acto de observar, el observador concentra su atención en el proceso. Si es capaz de mantener la atención sin quedar atrapado en ninguna de las burbujas, el proceso se ralentizará de forma natural.

–Pero... ¿Concentrarse en el proceso no es acaso también un acto de pensamiento? ¿No vendrá a añadirse el acto de observar al proceso que observamos?

–En efecto. Aunque, por ahora, no es cosa que deba inquietarnos. Dejemos aquí la pregunta en suspenso.

Si el observador logra no identificarse con ninguno de los actos de pensamiento, estos disminuirán tanto en cantidad como en intensidad, el hilo se aplanará y el yo perderá definición.

La mayor lucidez adviene en el reposo que sigue a la disminución de la velocidad: la reducción de la amplitud de la onda y su aproximación a la línea de equilibrio. La línea de equilibrio es el grado cero del proceso.

En el grado cero del proceso el yo ha desaparecido.

El estado de calma adviene cuando se prolonga el grado cero del proceso.

–¿Es la calma también un huso? ¿No es acaso la calma un estado anímico?

–En cierto modo, sí. Por eso tampoco podrá mantenerse por mucho tiempo. El hilo poco a poco empezará nuevamente a ondear y alguna burbuja vendrá a alojarse en ella. Movimiento y reposo forman parte del proceso. Conviene constatar esos cambios. La existencia se sostiene en esa alternancia. La existencia *es* esa alternancia. La calma es el estado anímico que corresponde al reposo.

–Sin embargo, ¿no es la permanencia en el estado de calma lo que siempre buscaron aquellos que emprendieron una vía iniciática? Si el estado de calma es un huso y es, por tanto, igualmente, un estado pasajero, ¿qué sentido tendrá pretender mantenerlo?

–Este es, efectivamente, el punto central de las enseñanzas del budismo mahāyāna: la impermanencia es el estado natural de la mente.

–En tal caso, ¿para qué procurar la disminución del movimiento? ¿Qué sentido tiene este adiestramiento?

–No ha de confundirse el movimiento con la agitación. A los períodos de reposo les siguen períodos de actividad. Esa actividad puede ser más o menos intensa, o más o menos confusa y agitada, si las adherencias del yo son fuertes y acompañan ideas que pueden resultar incluso

contradictorias. Cuando esto sucede, el hilo se
agita, y la vibración puede alcanzar tan alta frecuencia que sus curvas se compriman deviniendo picos y las burbujas estallen sin haber llegado siquiera a tomar forma. En los estados de
agitación el observador puede ser de gran ayuda. Ejercitarse en la observación es por ello un
potente fármaco para la prevención de los estados de desequilibrio.

–¿Permanecer en el estado de calma no nos
evitaría este problema? Aunque sea un huso y,
por tanto, un estado pasajero, ¿no podríamos
permanecer alojados en él por más tiempo?

–Verá, la calma no es un huso como todos
los demás. Podríamos verlo también como el
huso de todos los husos. Así como, cuando estamos en estado de calma, el hilo no se tiñe de
ningún color pero puede adoptar en un determinado momento cualquiera de ellos, así también el huso de la calma contiene, en potencia,
todos los husos. La calma es como la superficie
de las aguas de un lago cuando no hay viento.
Pero tarde o temprano se levantará el viento, y
agitará la superficie. Con un buen entrenamiento podríamos, ciertamente, mantener la calma
aunque las aguas estuviesen agitadas. Se tra-
taría, simplemente, de contemplar el lago sin

sumergirnos en él. O, de acuerdo con el contexto metafórico que hemos estado utilizando, contemplar el hilo sin identificarnos con ninguna de sus burbujas o, incluso, conscientes de su presencia, desentendernos de él. En ese estado entonces, si somos capaces de prolongarlo, se iniciará otro tramo del camino. Pero de esto no hablaremos aquí. Permanecer en el grado cero no es el propósito de este método.

–¿Cuál es el propósito de este método?

–El propósito de este método es la comprensión de la naturaleza de la mente.

–Supongo que, en ese caso, el final del entrenamiento coincide con el de la función del observador. Y, con respecto a ello, no puedo evitar preguntarme por su estado. Porque el observador también está en un estado, ¿o no? ¿En qué estado está el observador? ¿Hay un huso de la observación?

–Sí, por supuesto. El huso del observador es la propia observación. Para comprender esto tan sólo nos queda un paso que dar en este entrenamiento: eliminar el yo que también adhiere al acto de observar. Desprender la observación de su observador. El pensar se aligera si no hay un yo que lo piense. El pensar no necesita ningún yo para darse. El yo, recuerden, es una adherencia. El pensar simplemente piensa. El cuerpo-mente procesa. Ese es su estado natural.

–Ya, pero la observación no es como cualquier otro acto de pensamiento, ¿no es así? La observación es un acto voluntario, un acto intencional...

–Es un acto consciente, ciertamente. Hemos creado al observador con una intención. «Yo» soy el observador, dijimos. Y eso nos ha facilitado la tarea. Gracias a ello hemos podido asistir al proceso y a todos estos pequeños yoes que se pegaban a las burbujas como lapas a una roca. Y el yo-observador se sintió complacido. Y engordó. Fíjese cuánto engordó que llegó a creerse más que cualquier otro yo del proceso. «*Yo soy* el observador», dijimos. Y nos lo creímos. Y en eso no es distinta la observación de cualquier otro acto de pensamiento. Así que ahora conviene devolver al observador a donde pertenece: alojado en una curva del hilo. Intentémoslo.

–Sí, pero... Si lo situamos en el hilo, ¿quién queda fuera del proceso? ¿*Quién* será el que vaya a situar al observador en el hilo?

–La pregunta recurrente de los antiguos maestros del budismo mahāyāna era «¿Cuál es tu auténtica naturaleza»? Me parece que usted acaba de responder a ella.

### *Observar la observación*

Al constatar que el observar también es un acto de pensamiento, no tendremos más remedio que ir a situarlo en el hilo. En realidad no se trata de ir a situarlo puesto que de por sí pertenece al continuo. Lo que procede entonces es observar el acto de observar en el continuo. Esta es una etapa bastante más avanzada del aprendizaje y no conviene siquiera tener conocimiento de ella en los inicios pues, queriendo adelantarnos, caeríamos en el mismo error que quienes tratan de pasar al álgebra antes de haber aprendido a sumar. No es conveniente, pues, integrar lo que sigue en la práctica antes de haber dominado las etapas anteriores.

Al observar el comportamiento de la observación en el continuo, habremos de duplicar la atención. Recordemos que todo acto de pensamiento lleva un yo adherido. El acto de observar no es distinto de otro en ese aspecto, más bien todo lo contrario, como ya hemos comentado. Lo que situamos ahora en el hilo, por tanto, es ese yo que creíamos ser como observadores del proceso.

Y he aquí que tenemos al yo-observador situado en su burbuja. Una burbuja bien gorda,
hay que decir. Acerquémonos a ella. Miremos
dentro de ella. ¿Qué vemos? Ah, ¿no es esto
otro hilo? Parece que lo es. Un hilo formado
por los reflejos de sucesivas imágenes observadas. Qué extraño... ¿De qué está hecho lo observado, en efecto, si no es de todo aquello que
se observa? Una tras otra, hallamos las imágenes o ideas observadas en el continuo situadas
dentro del hilo de la observación, simultanean-
do los tiempos, pues son imágenes o ideas de
otro momento, de otro proceso, las que afloran
ahora contenidas en la burbuja de la observación, como si la atención fuese lo que forma
aquello que llamamos memoria. Imágenes o
ideas, reflejos de procesos anteriores.

Pero, acerquémonos otro poco más. Fijémo-
nos en alguno de esos reflejos, cualquiera de
ellos. ¿Qué vemos?... ¿No parece como si, dentro de él, flotasen segmentos de otros hilos,
fragmentos de husos incluso? Y es así, en efecto. Visto más de cerca, cada hilo es una cuerda
de infinitas dimensiones formada por otros hilos que a su vez contienen otros, y así sucesivamente. Si viajamos por ellos veremos simulta-

nearse los tiempos, el pasado reviviendo en presente, y el presente deviniendo lo que ya fue, de algún modo previniéndose. Y así una existencia conteniendo otras anteriores que sin sernos fueron precediéndonos en todo lo otro que somos-siendo y fuimos-siendo de algún modo.

Viajar por los hilos es emprender un camino de innumerables encrucijadas y vertiginosas confluencias.

Pero volvamos al punto inicial, a nuestro laboratorio particular. Lo que hemos atisbado ahora no es más que el comienzo. Porque... Usted lo ha dicho bien: *¿quién* observa, ahora, los actos de observación en el hilo? ¿Otro observador? ¿O es el mismo? Pero, si sólo hay hilo, ¿qué hago yo fuera del hilo? ¿O no hay yo?

### *Anexo*
### *Observación y contemplación*

No debe confundirse la observación con la contemplación que forma parte de las técnicas ascéticas. Tanto en un caso como en otro, se trabaja con la atención, pero la finalidad no es la

misma. El objetivo del contemplador es mantenerse en el grado cero del proceso con el fin de,
por ese medio, adquirir el conocimiento de algo
que supuestamente se sitúa más allá del estado
natural de la conciencia o, en los casos de las
vías utilizadas por las diversas formaciones religiosas, conseguir la unión con alguna entidad
suprema (evidentemente, tanto la idea de ver-
dad como la idea de un ser supremo forman
parte del proceso que puede ser observado). El
objetivo del método de observación, como habremos podido comprender, en nada tiene que
ver con esto último. Aunque pueda tener puntos en común con la ascesis de las antiguas vías
iniciáticas, el método se limita a ser un instrumento para la comprensión de cómo trabaja
eso que llamamos mente, incluso y sobre todo
cuando se interna en territorios proclives a eri-
gir verdades.

Otra diferencia entre el observador y el contemplador atiende a su metodología. Mientras
el observador concentra su atención en un proceso, el contemplador la concentra en un punto
fijo. El proceso es un hilo, y el hilo es una línea.
El método de observación consiste en seguir esa
línea. Puede llegar un momento, ciertamente,
en que el proceso se detenga y el observador se

quede igualmente centrado en un punto. En ello coinciden, entonces, el observador y el contemplador. Es el momento de la pérdida del yo. De todo yo. Y en ese espacio, otras comprensiones pueden tener lugar. Comprensiones que no son resultado de los procedimientos racionales, que no tienen lugar por vía del entendimiento y que no necesariamente se reflejan en la conciencia de superficie, sino que implica el cuerpo todo entero y repercute en su actividad. Son comprensiones que conciernen la inteligencia de la materia, esa materia que somos-siendo y a la que me he referido más arriba.

En la línea, el tiempo fluye. En el punto, en cambio, el flujo se detiene y el tiempo se condensa. Se convierte en bloque de energía. Vibrante. Es frecuente que los seguidores de muchas congregaciones, religiosas u otras, confundan esto con el objetivo que pretenden alcanzar. Le pondrán nombre a la experiencia y añadirán a sus creencias otra prueba de fe. No harán más que añadir adherencias a sus burbujas, y el proceso seguirá procesando a sus espaldas.

Para despejar el campo de juego de la materia-cuerpo y que el resultado de su actividad

pueda aflorar en forma de comprensiones no
necesariamente conscientes es, en efecto, necesario que el hilo mental deje de agitarse y se di-
luyan las tenaces adherencias del yo.

Permanecer en el punto fijo es, indudable-
mente, si se logra, una manera más inmediata
de suspender el proceso mental. Si tal es el objetivo, la observación –que en cualquier caso sería previa– no es indispensable. Sólo que, en
este caso, el aprendiz renunciaría a saber qué es
y cómo funciona aquello que pretende suspender. Tampoco comprenderá la naturaleza de su
experiencia, cuando la obtenga. Aunque tal vez
esto tampoco sea necesario.

Para facilitar la permanencia de la atención
en un punto fijo, las distintas vías de conocimiento acostumbran a utilizar algún elemento,
imagen o figura, que represente aquello con lo
que el adepto o aprendiz quiera identificarse. La
función de estos elementos no es otra que la de
servir de apoyo a la concentración. Cualquier
objeto físico o imaginario puede ser utilizado a
estos efectos. Las agrupaciones religiosas que se
sirvieron de las prácticas de los antiguos méto-
dos ascéticos suelen recurrir a símbolos o imá-

genes devocionales. Pero, al contrario de lo que pensaron, esto no facilita el camino, sino que lo dificulta. Las cuestiones de fe siempre enturbian la vía.

Es mucho más difícil deshacerse de los dioses o los seres amados o temidos que de cualquier otra cosa, pues mantienen al yo adherido a ellos. Lo amado, venerado o temido son ideas fuertes que fortalecen las adherencias.

Concentrarse en una zanahoria es mucho más eficaz que concentrarse en una deidad o una imagen venerada.

# DE HILOS Y HUSOS

*Escritura y observación mental*

La capacidad de observar la propia mente y las estrategias para ello es algo que me interesó desde siempre, me atrevo a decir que desde la niñez. Observar y descubrir los fenómenos –como, por ejemplo, que la arena fluye como el agua entre los dedos– llevaba siempre añadida la pregunta acerca de cómo era posible que yo lo percibiese así. O, dicho de otra manera, de cómo mi cuerpo –en este caso mis manos– formaba parte de la ecuación. Porque en mi percepción de la arena cayendo no estaba sólo la arena, claro, estaban también mis manos, y estaban mis ojos, todo mi cuerpo, en realidad, formaba parte de la ecuación. Aún me recuerdo sentada en una playa del mar del Norte, vestida de una faldita con peto verde musgo –que, al crecer, heredaría mi oso de peluche– mirando extasiada filtrarse la arena blanca entre mis de-

dos. Conservo aún la sensación de ese leve fluir
de arena fría entre los dedos. Evidentemente,
con menos de dos años, no hubiese podido tener conciencia de los diversos elementos que
intervenían en esa percepción; lo que puedo decir es que, para mí, en ese instante, mis dedos y
la arena funcionaban al unísono. Sin mis dedos,
en efecto, y sin esa distancia que los separaba
unos de otros, la arena no hubiese podido caer,
ni habría formado bajo mis manos ese pequeño
montículo cónico que crecía a medida que iba
cayendo. Todo ello era maravillosamente extraño, espléndido, único. Más tarde advendría la
costumbre. Con la costumbre, dejamos de ex-
trañarnos, dejamos de ver. Se sucedieron muchas experiencias de ese tipo, muchos momentos de éxtasis, a lo largo de mi primera infancia.
Nunca tuve la impresión de que mi cuerpo o sus
gestos fuesen independientes de lo que ocurría.
No lo son, de hecho, nunca lo son. El caso es
que, con los años, llegó un momento en que eso
de percibir ocupó toda mi atención y que, pau-
latinamente, de los actos de percepción, esa
atención pasó a enfocar el órgano de percepción. Los hilos y los husos aparecerían mucho
más tarde, como imágenes útiles, llegando a
convertirse incluso en elementos sustanciales de

un método de observación en el que la escritura
era la parte instrumental.

## LA ESCRITURA COMO INSTRUMENTO

En esta investigación mía acerca del percibir y
del pensar, la escritura fue –y es– el modo de
concentrar mi atención en lo que va pasando.
Y digo bien «lo que va pasando», pues de un
pasar se trata. Aquello que pasa, la mano lo
traslada al papel. El papel, sí, pues se adaptan
mejor los movimientos del pensar al de la grafía
que al del tecleo. Aunque no siempre, pues también depende de la velocidad del paso de lo que
va pasando. Hay un tiempo, en eso del escri-
bir, como lo hay en la sucesión de imágenes de
la que da cuenta la escritura. Lo importante,
para que el hilo del pensar se haga manifiesto,
es que esos tiempos coincidan.

Lo cierto es que no puedo evitar experimen-
tar cierta sensación de equívoco al encontrar mis
diarios en estantes o colecciones de narrativa,
pues con la escritura de esos cuadernos mi intención primera nunca fue la de «hacer literatura».
Mi escritura, tal como la concibo, y desde que
tengo memoria (tenía diez años cuando confec-

cioné mi primer diario doblando las hojas de mis cuadernos de clase y amarrándolas con un cordón), fue siempre, ante todo, un instrumento al servicio de la observación de mis movimientos de conciencia. No así la escritura estrictamente poemática –de la que, por lo general, la del cuaderno es el material en bruto– porque el poema, para serlo, requiere de una poíesis, un trabajo de desbroce que tiene como finalidad desnudar el núcleo: eliminar lo prescindible, suprimir las envolturas, la paja o los vocablos que no lo dejan aparecer. Pues, tal como lo entiendo, el poema es aquello que ha de volver a señalar la cosa-coseando bajo la palabra que la nombra, dado que el vínculo se pierde con el uso y la universalización de los conceptos. Una piedra, por ejemplo, deja de ser esa piedra para convertirse en una piedra cualquiera, una piedra entre y como muchas otras. En el concepto «piedra», la piedra desaparece. De hecho, el poema –el buen poema– no dice, tan sólo sugiere, indica. Y es por eso que quien se apega a la letra se pierde *lo* que el poema dice. Y no es que el poema no estuviese ya en la escritura en bruto, no, pero a lo dicho le sobraban aún palabras que, si bien le añadían a la experiencia el contexto que la hacía más «comprensible», por eso mismo, por el hecho de estar contextualizada, la situaba en superficie, en el lugar de la comunicación habitual y, al hacerlo, despojaba lo escrito de su poder para transmitirla en su dimensión más recóndita, infinitamente más amplia, infinitamente más rica.

Pero vayamos al tema: la escritura como método de observación de la mente o, más concretamente, de la observación de su proceder, algo que, si tiene que ver con algún otro ámbito de conocimiento, sería con la psicología y, por supuesto, la filosofía –pues no olvidemos que la psicología se independizó de esta tan sólo a partir de finales del siglo XIX, cuando se empezó a tratar como una ciencia experimental desde una pretendida (y no siempre afortunada) «objetividad científica».

No son pocos los filósofos y escritores que nos han hablado del mundo y/o de la propia existencia como de una representación. De Śaṅkara o Platón a Schopenhauer, de Zhuangzi a Calderón, ha sido una idea de lo más recurrente. Que veamos la existencia como algo ilusorio o que, incluso, la experimentemos como tal, no nos libra sin embargo de estar sometidos a sus vaivenes, por lo que, para lo que nos incumbe, da bastante igual el modo en que la veamos, si como real o como ilusoria.

Pero ¿y si pudiésemos asistir a la representación? ¿Y si fuésemos capaces de invertir la mirada y, en vez de enfocar el mundo que se despliega ante ella, enfocásemos el lugar en el que se refleja o se construye? Porque, en efecto, lo que vemos no es nunca la realidad, sino la percepción que tenemos de ella. Nuestros órganos de percepción (sensoriales y cognitivos) nos la entregan siempre de una cierta manera, y respondemos a ella a ciegas o, en el mejor de los casos, con la sospecha de una muy reducida libertad.

¿Y si fuésemos capaces de observar el modo en que esto ocurre y dar cuenta del proceso? ¿Si pudiésemos seguir el hilo que entrelaza las imágenes, asistir a la formación de los estados anímicos y controlar nuestras idas y venidas entre los husos senti-mentales?

## CREAR AL OBSERVADOR
### Paso 1.º

Tomar conciencia de que eso que llamamos «mente» no es ninguna sustancia ni ningún receptáculo sino un proceso y que este proceso puede ser observado, no es algo ni fácil ni evidente. ¿Cómo tomar conciencia de que tal

proceso existe? ¿Cómo, si a cada una de sus secuencias le añadimos un yo en el que creemos
firmemente? ¿Cómo, si entendemos que ese yo
con el que nos identificamos es el actor de todos
nuestros actos de pensamiento?

En el siglo XVIII, John Locke y David Hume
entendieron que el yo no era sino una idea que
nos permite unificar las impresiones que se van
enlazando por asociación o contigüidad. De entre todos los filósofos europeos fueron los que
más se acercaron, sin conocerlas, a las enseñanzas de las escuelas indias que nos llevaban en
ello una importante ventaja. Unos veinte siglos
–veintitrés para ser exactos– les separaba, en
efecto, del primer gran tratado de observación
mental, aquel en el que Patañjali describió el
método por medio del cual la conciencia sería
capaz de separarse lo suficiente del proceso
mental como para observarlo, aquietarlo y entrar así en un estado de calma. Para quien se
hubiese interesado por aquel tratado, lo más
probable es que el punto de partida del método
cartesiano, por muy analítico que fuese, le hubiese parecido de una gran ingenuidad compa-
rado con el indio. ¿Puede acaso suponerse que
el hecho de pensar es razón suficiente para afir-
mar que hay un yo y que ese yo existe? *Cogito*

*ergo sum*: dos verbos conjugados en primera persona, el primero dando ya por supuesto en su fórmula (*cogito*: [yo] pienso) la existencia de esa primera persona de la que se atribuye la existencia en el segundo en razón del primero: [yo] pienso (*cogito*), por tanto, [yo] existo (*sum*). ¿No es esto una petición de principio? ¿No está la conclusión incluida ya (lingüísticamente) en la premisa? ¿Nos fiamos del lenguaje hasta el punto de no darnos cuenta de lo que inventa y sustenta?

Para tomar conciencia de la sucesión de las impresiones, lo primero será, pues, por el momento, convertir al yo en espectador. Situarse con él en las gradas. Notaremos, en principio, que entre él y el escenario se abre una distancia. En un espectáculo teatral o cinematográfico, esa distancia es, entre otras cosas, lo que nos permite asistir a una representación trágica o escalofriante sin sentirnos devastad∂s por la pena o la angustia que experimentaríamos si nos concerniese «realmente». Podemos empatizar con los personajes y emocionarnos con ellos, sin por ello dejar de disfrutar de la obra. Esto es por lo que el teatro puede resultar terapéutico.

El observador del proceso mental es un espectador. El observador asiste, desde cierta distancia, a lo que ocurre en el proceso independientemente de la naturaleza (emocional u otra) de aquello a lo que asiste. Un observador bien entrenado también podrá asistir de esa manera a su propia vida. Para ello, tendrá que haber aprendido a distanciarse de sus sentimientos, y esto requiere dos cosas: una, que el observador esté ya bastante bien familiarizado con el método de observación, y dos, que entienda en qué consisten los sentimientos y qué papel juegan en el proceso. Pero no nos adelantemos, empecemos de nuevo por el principio.

Para crear al observador, tendremos que habernos dado cuenta de que hay algo que observar. Eso requiere, por lo general, de alguna estrategia que nos permita crear una disociación entre lo que, en terminología cartesiana (para entendernos), sería el «yo» y el «pienso» del «yo pienso». Tal disociación abriría entonces el espacio necesario para la observación. Habría, por un lado, un sujeto de observación (el observador) y, por otro, un objeto de observación (los actos de pensamiento).

Lo primero será, pues, situarnos de modo que podamos mirar. La imaginación puede ser una buena aliada para ello en los inicios (aunque, una vez que hayamos logrado el objetivo, tendremos que prescindir de ella, so pena de convertir sus fantasías en un elemento más del proceso).

Así como lo hicimos en la práctica descrita en el capítulo anterior, empecemos por imaginarnos, detrás de nuestra frente, una sala de proyección. Cierre los ojos e imagine. ¿La está viendo? Bien. Traemos ahora una silla, una silla pequeñita y la situamos en el centro de la sala. ¿La vemos? Sentemos en ella a un espectador chiquitito. Frente a él, al envés de nuestra frente, una gran pantalla, curva, en blanco. El espectador la contempla. Espera. Espera a que empiece la película. Pero resulta que este no es un espectador cualquiera, sino un espectador bien entrenado, capaz de no dejarse llevar por los efectos especiales de la película. Es capaz de asistir sin dejar de saber que está sentado ante una pantalla. Más que un espectador, es un observador. ¿Qué es lo que aparece en la pantalla? ¿Qué es lo que en ella se proyecta? ¿Nada aún? No tengamos prisa. Vendrán imágenes. Dejémoslas llegar. Sin forzar nada. Imágenes. Colores que forman figuras (otros que no), algunas sonoras, otras mudas, unas persistentes, reiterativas, otras tímidas, imágenes que aparecen y, una tras otra, van pasando. Si le damos el tiempo necesario, el espectador asistirá a sus modificaciones, sus alteraciones, sus enlaces. Una tras otra, las impresiones –en este caso visuales– aparecerán en su propia naturaleza: fugaces, fugitivas, transitorias. En tránsito. De nada permanente podrá dar cuenta el espectador, porque no lo hay, la permanencia es resultado de una simple reiteración. Poco a poco, el proceso mental irá adquiriendo, ante él, su justo valor: el de un perpetuo sucederse de impresiones, sin más realidad que la que tienen las imágenes oníricas que se ensamblan por inercia o por afinidad.

Tal vez os hayáis dado cuenta de que, en un momento dado, habéis perdido de vista la imagen del pequeño espectador sentado en su silla. ¿Qué pasó? Pasó que, en algún momento, sin darnos cuenta, lo hemos suplantado. Sin darnos cuenta, nosotros somos quienes estábamos sentados en la silla viendo pasar las imágenes. Nos hemos convertido en observadores. Y es que el hilo –el proceso– siempre es uno, la simultaneidad, de haberla, es tan sólo aparente, ocurre cuando aumenta la velocidad del proceso.

Claro que cuando abramos los ojos y «volvamos a la realidad», como suele decirse, el observador –cualquiera que este fuese, el primero, el que sentamos en la silla, o el segundo, del que no nos dimos cuenta– habrá desaparecido. Habremos vuelto a identificarnos con cada uno de los actos de pensamiento. Con cada uno de los momentos del proceso. Para que esto no ocurra, o no de manera tan continua, el entrenamiento es evidentemente indispensable.

## LA MENTE NO, EL HILO
### Paso 2.º

Hasta aquí, puede que hayamos podido darnos cuenta 1) de que hay un proceso y 2) de que el «yo» con el que nos identificamos es, en realidad, un sustrato o su(b)puesto que nos permite unificar las secuencias de ese proceso y así poder darles sentido, en las dos acepciones del término. El problema, ahora, será averiguar de qué modo podemos seguir el proceso y dar cuenta de él.

Tardé toda una vida en comprender que la escritura era para mí no sólo un medio de concentración sino también una manera de tomar distancia de mí misma –ese *mí* propiamente *mismo* puesto que se forma con las repeticiones y no es otra cosa que el conjunto de todas ellas–. El propósito de las antiguas técnicas de atención de las que tenemos noticia en India, en China y en algunas escuelas griegas presocráticas, era conseguir un estado de calma más o menos permanente. El estado de calma depende de que la sucesión de imágenes se ralentice lo más posible o llegue, incluso, a desaparecer, para lo cual se trataba de evitar que la mente vague o divague y siga salivando, como la araña, enlazando sin propósito imagen tras imagen, idea tras idea, activando emociones que al contacto con ellas se convierten en sentimientos que a su vez darán lugar a acciones que crearán sensaciones que desencadenarán emociones, y así sucesivamente, en un proceso sin fin que a menudo, si no se logra controlar, acaba en confusión o, incluso, en ofuscación. La araña es la mente; su presa, la conciencia a la que digiere para nutrir al yo, que engorda en el proceso. Porque para alimentarlo basta con que creamos lo que la araña nos cuenta. Adherimos a una idea y esa idea hace el yo. Adherimos a un sentimiento y ese sentimiento hace el yo. Yo soy mis adherencias.

Pero no hay mente en realidad, ni hay araña. La mente como la araña son metáforas que utilizamos como soporte, porque el lenguaje así lo ordena (lo dispone y prescribe) para hacer manejable lo inestable. No hay mente, hay proce-

so. No hay araña, pero hay hilo. Y el hilo puede
ser observado.

(El hilo, evidentemente, también es una imagen. Las imágenes son a menudo de mayor utilidad que los conceptos cuando se trata de observar.)

¿De qué está hecho el hilo? De saliva, por supuesto. Una saliva tan resistente como la seda de
la araña. ¿Qué ingredientes la componen? Imagi-
naciones, percepciones, sensaciones, razonamientos, recuerdos, voliciones, etcétera. Todos
estos movimientos o «actos de pensamiento»,
como los llamaba Descartes, se suceden y se en-
trelazan de manera continua, generándose unos
a partir de otros por medio de conexiones causa-
les o asociativas.

Si imaginásemos el hilo formando onda
–otra imagen que puede sernos de utilidad ahora–, veríamos situarse cada uno de estos actos,
o momentos del proceso, como burbujas en las
curvas del hilo, unos arriba, en las crestas, y
otros abajo, en los valles. La amplitud de la
onda –y, por tanto, el grosor de las burbujas
que se alojan en sus curvas– dependería de la
intensidad de la idea o de la sensación.

Aquello que se sigue por asociación o por
contigüidad son, en realidad, imágenes menta-

les. La mente nunca piensa sin *phantasma*, decía Aristóteles. Y, ciertamente, cada acto de pensamiento, incluso el más abstracto va indefectiblemente acompañado de alguna representación. Por mucho que los filósofos hayan pretendido entender los conceptos como abstracciones desprovistas de cuerpo, no hay idea (recordemos también que el verbo griego εἴδω [*eídō*], del que proviene la palabra «idea», significa «ver») que no se presente con algún tipo de imagen representativa, sea esta metafórica, simbólica o sígnica (cifras, letras, etcétera).

Imágenes pues. *Phantasmas* que, asociados a alguna sensación, suelen dar acceso a impresiones anteriores alojadas en los nudos en los que, a menudo, volvemos a situarnos. Llamamos «pasado» al resultado de la reiteración de las impresiones. Las impresiones que se reiteran endurecen las secuencias. Los nudos se consolidan. O se enmarañan.

A veces la voluntad se proyecta en futuro. A la voluntad del hilo me refiero, que más que voluntad es una inercia o el deseo de continuar en una dirección determinada por alguna acción o actividad precedente. Un acto de voluntad no es, al fin y al cabo, sino una burbuja más, un momento del proceso, un punto en trayectoria.

A veces el punto se convierte en maraña. La trayectoria –el hilo–, entonces, se nos pierde.

## LOS HUSOS. TOPOGRAFÍA
### Paso 3.º

Las imágenes no son neutras. Suelen ir acom-
pañadas de algún estado de ánimo. Llamo husos a las múltiples modalidades del ánimo que,
acompañando a las imágenes, tiñen, por así
decirlo, de un determinado color el hilo y le
confieren una determinada sonoridad. Mientras la mente procesa, es decir, mientras el proceso procesa –puesto que no hay mente sino
sólo proceso–, nos iremos encontrando situados en sucesivos estados de ánimo: sucesivos
husos. Según cambie el tenor de las imágenes,
iremos pasando de un huso a otro huso. El huso
es también algo que puede ser observado.

En los lugares de la conciencia, resulta bastante complicado actuar sin ayuda de la imaginación. Las palabras, como es sabido, tienen
tendencia a perder su referente con el uso y terminan convirtiéndose en metáforas muertas.
Los conceptos son metáforas muertas. El hilo no
es un concepto, es una metáfora. El huso no es

un concepto, es una representación. Y al igual que el hilo nos ayudó a comprender la sucesión de los actos de pensamiento, los husos nos permitirán trazar un mapa topográfico que nos facilitará la entrada en los territorios afectivos.

Un mapa topográfico es la representación gráfica de una superficie. Difícil topografiar lo que llamamos mente, que no es un algo sino un hacerse. Más difícil aún cuando no se trata de una superficie sino de un espacio dinámico de cuatro o más dimensiones, distribuido en distintas capas, o membranas, superpuestas. Imaginemos fibras. Fibras mentales en forma de huso. Cuerdas o fibras tensas, abultadas en su centro, que entre todas forman un haz de distintas densidades. Cuerdas que contienen, o son, modos senti-mentales. Así es como lo veo. Un huso es un haz de fibras o membranas porosas superpuestas que se convierten en vías o canales para el yo que se introduce, cae, o se aloja en ellos, por un tiempo. Hasta saltar a otro huso. Cada huso lleva aparejado su síntoma: el de la tristeza, el llanto; el de la alegría, la risa; el del miedo, el temblor. La calma es también un estado de ánimo.

A veces, al igual que ocurría con el hilo, las imágenes que los husos llevan asociadas acudi-

rán al rescate de impresiones anteriores, huellas
que, en este caso, no se encuentran alojadas en
nudos, sino en pliegues. Pues lo que en el hilo
son nudos, en los husos son pliegues. Cuanto
más profundo sea el pliegue, mayor será la atrac-
ción que esas impresiones ejerzan sobre la voluntad y más tenderán estas a reiterarse. Mayor
será entonces también la posibilidad de que,
como suele decirse, alguien «viva en el pasado».

Pero... Volvamos de nuevo al observador,
por un momento. Con tanto hablar nos hemos
olvidado de él. Lo habíamos dejado sentado en
la silla, o en las gradas, convertido en espectador, ¿recuerdan? ¿Dónde se ha detenido, en qué
momento del proceso? Ni se sabe. El observador ha perdido el hilo. Ha quedado atrapado en
alguna de las secuencias y ha desaparecido. Tra-
temos de volver a esa secuencia. Preguntémosle
en qué huso se encuentra su personaje: ¿el de la
impaciencia, el de la tristeza, el del rencor, el del
deseo, el del tedio quizás? ¿Cuál es la naturaleza del estado anímico o sentimental que llevaba
asociada esa secuencia en la que quedó atrapado? ¿En qué huso está en este instante? Puede,
entonces, imaginar la fibra en forma de huso y,
o bien porque le interese, o bien, tan sólo por

jugar, saltar a otro huso. O puede simplemente seguir observando, comprobar que el hilo va cambiando de tono, y encontrarse de repente proyectado en otro huso.

Observar los estados (senti)mentales nos convierte en espectadores de nuestra propia vida. Los más antiguos tratados de dramaturgia india tienen un nombre para los estados emocionales que se generan en el espectador por el simple hecho de ser escenificados: *rasa*. *Rasa* significa literalmente «sabor». El espectador es capaz de saborear todas las emociones, por muy terribles que sean. Esto se debe, como ya comenté, a la distancia creada por la propia representación. El espectador empatiza con las emociones de los personajes sin verse afectado por ellas personalmente. La vida de los personajes les atañe a ellos. Pues precisamente así es como nuestro observador puede asistir a su propia existencia. Durante el tiempo que dure, la observación abre la distancia que nos permite transitar entre los husos sin perdernos en ellos. Saltar de huso en huso sin quedarse atrapado en ninguno de sus múltiples pliegues. Algo realmente útil en una terapia, por ejemplo.

DOS PÁJAROS

Pero, de repente, ocurre algo extraño. Un movimiento de conciencia. Una disociación. El observador se da cuenta de que ha situado al espectador en el escenario. –¿Quién está entonces, en las gradas?, se pregunta. –¿Será la observación un acto más en el proceso? ¿En qué huso habita el observador? ¿Hay un huso de la observación?

«Dos pájaros de hermoso plumaje, unidos por la amistad, se han instalado en un mismo árbol. Uno come las bayas del pipal, el otro no come, tan sólo mira.» Esta estrofa, perteneciente al *Ṛgveda* (I, 164, 20), fue compuesta por un poeta indio hace unos tres mil cuatrocientos años. A lo largo de los siglos, la estrofa fue repetida e interpretada de muchas maneras. Ninguna interpretación superó, no obstante, en claridad y en simplicidad, los versos del poeta.

Este es, sin duda, un momento crítico en la observación. Porque hasta ahora el observador no se había dado cuenta de que en el proceso todo es proceso. No se había dado cuenta de que se había identificado con la figura del observador, y que este es uno más de los *phantasmas* que pueden ser observados. El de observar es, en efecto, uno más entre los actos de pensamiento que transitan en el hilo. Y es así como el observador ha tomado la forma de una burbuja y ha ido a situarse en alguna curva del hilo. Y quien entonces observa al observador-burbuja, de repente, se pregunta: –¿Quién es este observador que observa al observador en el hilo? Y, como en una galería de espejos, adviene el vértigo: –¿Quién es yo?, se pregunta.

## LA ESCRITURA COMO ESTRATEGIA

Y ¿cuál es el papel de la escritura en todo esto?

La escritura, como ya dije, es sobre todo un estado de atención. Una disposición o, si se quiere, un modo de situarse frente a las evoluciones del mí, para poder dar cuenta. Recordemos a Henri Michaux apuntando en su cuaderno las fluctuaciones, los delirios, los fantasmas producidos por la mescalina. No le resultaba posible dar cuenta de ello mientras estaba bajo los efectos de la droga, así que lo hacía inmediatamente después. Pero para ello, para que

esto fuese posible, la atención y la intención de
dar cuenta debía haberse mantenido en todo
momento durante la experiencia. Aquí no se
trata de aprehender estados alterados de conciencia, como en su caso, por lo que nada nos
impide dar cuenta del proceso al mismo tiempo
que se esté dando. La escritura centra, concentra, esa es su ventaja. Es un punto de anclaje.

–Pero... ¿No habrá también un huso de la
escritura? –pregunta subrepticiamente el observador.

–La escritura no es un estado anímico –res-
pondo, un tanto molesta. Hum... ¿No lo es?...
¿No está en ningún estado aquel que escribe?
¿Hay acaso algún momento en el que no estemos en ningún estado? ¿Es eso posible? Los husos son múltiples. Incluso podríamos hablar de
sub-husos: variantes de los husos principales
que corresponden a las emociones básicas, o de
husos complejos en los que distintos estados tienen lugar simultáneamente, derivando a su vez
en otras variantes o, como me gusta decir, otras
frecuencias. Frecuencias anímicas. Sonoridades
armónicas o inarmónicas.

En realidad, da igual que la escritura nos si-
túe o no en un huso. La escritura es, en esto, tan
sólo una estrategia. Nos ayuda a enfocar el pro-

ceso, a seguirlo y, a veces, incluso, a dejar que
sea ella la que estire el hilo, palabra tras palabra, imagen tras imagen, de modo que, finalmente, la escritura deje de ser un simple testigo
y el proceso mismo tenga lugar a través de ella.
Es entonces el cuerpo el que se activa, la mano-
cuerpo. Consciente de su propia activación. Actividad y activación a un tiempo. El trazo de la
escritura es el hilo consciente de ser hilo. El observador, lo observado y la observación se vuel-
ven una sola y misma cosa. En ese momento, la
escritura se vuelve *ascesis*.

[...]

Al observador –el que usted tal vez imagina
en este instante y el que yo contemplo de soslayo– ha dejado
de interesarle lo que ocurre en la pantalla. Se
ha levantado del asiento. Ha salido de la sala.
Y aquí estamos, usted y yo, ensartando ideas en
el hilo, sin poder evitarlo. ¿O sí podemos?

# Colofón

Cuando, ante la inminencia de una posible catástrofe y el auge de la violencia, me preguntan
acerca de qué podríamos hacer, suelo contestar
que no tengo recetas, que lo que tengo son utopías. La primera de todas ellas: una educación
política y sentimental a la que todas las perso-
nas tuviesen acceso. Lo sé, lo acabo de decir, es
una utopía.

Por educación política entiendo aquella que
nos permitiese ampliar los marcos de pertenencia cuya estrechez nos lleva a un estado de violencia permanente. Por educación senti-mental
entiendo aquella que nos enseñase a ver cómo
nuestros movimientos reactivos (emociones)
dan lugar a lo que llamamos sentimientos al
asociarse a los valores inculcados, y cómo a estas amalgamas senti-mentales viene a añadirse
automáticamente la creencia de que tales esta-

dos son «nuestros». «Yo siento», decimos, sin darnos cuenta de que ese yo se ha ido fabricando exclusivamente en el proceso, de que *se* siente lo que *se* piensa y que el *se* es siempre cualquier cosa menos un acto libre. Cuando la mayoría se mueve, como es el caso en nuestras actuales democracias, guiada por intereses personales y opiniones que a su vez son fomentadas y excitadas por movimientos sentimentales, la acción que de ello deriva no suele ser la correcta. Una mayoría ejercitada en la neutralidad sentimental transformaría, en cambio, radicalmente nuestro mundo.

El aprendizaje de la observación mental y la capacidad de poner freno al proceso son claves en este tipo de educación. La libertad de la conciencia –y la capacidad de actuar sin condicionamientos– es inversamente proporcional a la velocidad del continuo mental y, por tanto, a la proliferación de las imágenes. Esto es evidentemente una cuestión a tener en cuenta en un mundo como el nuestro en el que, seducidos por la velocidad, no somos ya capaces de reducir el aporte de imágenes. Sería indispensable saber cómo aminorar el proceso. Poder suspender la voluntad de acción que adhiere a las imágenes y que las alimenta. Reemplazarla por una atención detenida. Decidir observar. Entrar en calma. La calma adviene a medida que disminuye la amplitud de la onda. Las burbujas menguan, se espacian y terminan por desaparecer. También desaparecen los nodos, esos puntos imaginarios en los que coincide la onda con la línea recta, núcleos de anclaje que dan lugar al argumento. Cuando el hilo se aplana termina por desvanecerse.

No tengo dudas de que en épocas oscuras –¿y cuál no lo ha sido?– la educación que se precisa es esa observación de la mente. Ver sucederse los actos mentales, saber distanciarse de ellos, disminuir la acuciante acumulación de las imágenes y el ansia que produce, calmar la voluntad de ser y de creer, podría dar lugar a una ética que reemplazase la moral del semejante, la de la tribu y/o la de la especie, e hiciera del respeto la norma de convivencia y de la humildad racional la regla del entendimiento.

Pero, como ya dije, se trata de una utopía.

# Nota a este opúsculo

En la primera parte de este opúsculo, he querido seguir el procedimiento lógico-deductivo, lo cual es todo lo contrario de lo que acostumbro a hacer en mis trabajos más recientes. Es evidente que, en una materia tan inestable y difícilmente contrastable como aquella de la que me he ocupado, derivar consecuentemente una proposición de otra de acuerdo con las reglas de la lógica del lenguaje resulta un tanto contradictorio. No obstante, y puesto que la lógica gana en precisión y en claridad para el entendimiento lo que pierde en representación significativa, me pareció que esta era la manera más adecuada de darle forma al método como utopía política. No se me escapa por ello que, como la mayor parte de las utopías, lo más probable es que este trabajo esté destinado a abonar el jardín junto a los restos de la vieja escalera de Ludwig Wittgenstein. No es mal destino, después de todo, para un material tan extremadamente lábil como el pensar, transformarse en humus y ser pasto de organismos intuitivamente más perspicaces. Entiéndase, en cualquier caso, como un humilde homenaje a la labor de aquel filósofo, de quien he tomado prestado el esquema proposicional.

Dada la naturaleza enteramente subjetiva del método que propongo, estuve tentada de designar este breve tratado como *(po)ética aplicada*, entendiendo lo «poético» no como versificación, por supuesto, sino como poíesis, como elaboración metafórica. Hasta que me di cuenta de que esa idea derivaba del temor de que fuese rechazado en los círculos más afines a la (por cierto trasnochada) «objetividad científica», un temor a todas luces infundado pues, ¿acaso las ciencias físicas no proceden poéticamente? ¿Acaso los universos que construyen no son magníficas metáforas? Y en cuanto a la subjetividad, no veo en ello una condición de inferioridad con respecto a las ciencias sino más bien de complementariedad. Tengamos en cuenta que la mayor parte de la actividad de nuestro cuerpo-mente se realiza sin que seamos conscientes de ello. En cualquier decisión que tomemos, por ejemplo, el cerebro se adelanta, por sí solo, unos quince segundos al acto de decisión que creemos voluntario y consciente. Recordemos también que los mayores descubrimientos científicos han surgido cuando, con la mente en reposo, el investigador le haya permitido al cuerpo mente realizar la *síntesis* de su trabajo sin verse entorpecido por la intervención de la voluntad discursiva. ¿No nos lleva todo ello a pensar que sería conveniente prestar mayor atención a esta actividad y esforzarnos por trazar puentes entre esa parte auto-organizadora del cerebro y la parte consciente?

El método de observación que propongo es o pretende ser, más allá de sus evidentes deficiencias, ese tipo de puente.